给孩子的第一本

民法典启蒙故事书

解锟 / 编著

法律出版社
LAW PRESS · CHINA
北京

图书在版编目（CIP）数据

给孩子的第一本民法典启蒙故事书 / 解锟编著. 北京：法律出版社，2024(2025.10 重印). -- ISBN 978-7-5197-9261-9

Ⅰ. D923.04

中国国家版本馆 CIP 数据核字第 2024UB2752 号

给孩子的第一本民法典启蒙故事书
GEI HAIZI DE DI-YI BEN MINFADIAN QIMENG GUSHISHU

解　锟　编著

策划编辑　张　岩
责任编辑　程鹏瑶
装帧设计　鲍龙卉

出版发行 法律出版社
编辑统筹 重大项目办公室
责任校对 晁明慧
责任印制 吕亚莉
经　　销 新华书店

开本 710 毫米×1000 毫米　1/16
印张 6　　**字数** 37 千
版本 2024 年 7 月第 1 版
印次 2025 年 10 月第 2 次印刷
印刷 北京盛通印刷股份有限公司

地址：北京市丰台区莲花池西里 7 号(100073)
网址：www.lawpress.com.cn
投稿邮箱：info@lawpress.com.cn
举报盗版邮箱：jbwq@lawpress.com.cn

销售电话：010-83938349
客服电话：010-83938350
咨询电话：010-63939796

书号：ISBN 978-7-5197-9261-9
定价：39.80 元

凡购买本社图书，如有印装错误，我社负责退换。电话：010-83938349

目 录

Contents

1. 不小心打伤同学怎么办?

小明是花园小学一年级的新生。

一天，大家吃完午饭，在操场活动时，小明对小亮说：“我可是跑步冠军。”

小亮不服气，对小明说：“那你就来追我呀！”

说完，小亮撒腿便跑。小明在后面紧追不舍。“我还追不上你？”

小亮为了不被小明抓到，经常掉转方向，还时不时地回过头冲着小明吐舌头，“小明，你不是跑步冠军吗？”

小明追不上小亮，又急又气，从地上捡起一块石头，向小亮狠狠砸了过去。结果没砸到小亮，却砸中了正在散步的小静。

小静的腿被砸破皮了，鲜血直流，被同学紧急送往校医室。

小明吓呆了，这才意识到自己犯了大错。

道法小博士

低年级的同学们跑跳打闹经常会发生碰撞，但用石头砸人，是非常危险的。

几年前有一个真实案例。在一个课外托管班里，小熊用铅笔盒朝着同学小飞砸过去，砸中了小飞的眼睛，导致小飞左眼受伤。托管班负责人和小熊的父母共同承担了侵权责任，赔偿小飞治疗费用合计 18 万余元。

根据《民法典》第 1188 条的规定，无民事行为能力人、限制民事行为能力人造成他人损害的，由监护人承担侵权责任。监护人尽到监护职责的，可以减轻其侵权责任。

也就是说，小静被砸伤，因小明不满 8 周岁，属于无民事行为能力人，小明的父母应当承担责任。

相关法条

《中华人民共和国民法典》

第二十条 不满八周岁的未成年人为无民事行为能力人，由其法定代理人代理实施民事法律行为。

第二十三条 无民事行为能力人、限制民事行为能力人的监护人是其法定代理人。

第一千一百八十八条 无民事行为能力人、限制民事行为能力人造成他人损害的，由监护人承担侵权责任。监护人尽到监护职责的，可以减轻其侵权责任。

有财产的无民事行为能力人、限制民事行为能力人造成他人损害的，从本人财产中支付赔偿费用；不足部分，由监护人赔偿。

思考空间

小明误伤小静后，小明的妈妈带着小明去小静家赔礼道歉，请同学们想一想，小明应当怎样表达对小静的歉意呢？

2. 熊孩子划坏了别人的车怎么办?

小明的爸妈赔偿了小静的医疗费之后，狠狠地训斥了小明，小明老实了好一阵儿。

这天，小亮叫小明出去玩儿。妈妈千叮咛万嘱咐，让小明不要乱跑，就在小区里面玩儿。

小明说，“知道啦！我和小亮只玩玩具，不瞎跑”。

小明带上自己的一杆玩具冲锋枪下了楼。

小亮带了一个玩具火箭筒。

既然不让乱跑，他俩就围着一辆汽车，以汽车作为掩护，假装互相向对方发射“子弹”。

两个人玩得开心极了。

正在这时，车主张先生从单元门出来看到了他们，大喊一声：“住手！”

张先生走到车子跟前，仔细一看，车身上已经被他俩的玩具枪划出了好几道划痕。

张先生不依不饶，一定要小明和小亮赔偿。

道法小博士

熊孩子又犯错了。小明和小亮拿着玩具枪和火箭筒，划坏了张先生的车，侵犯了张先生的财产权，根据《民法典》第 1188 条的规定，小明和小亮的家长是要承担侵权责任的。如果小明和小亮自己有压岁钱或者有其他资金来源，比如，出版的稿费、演戏的片酬，等等，可以先从小朋友的财产中支付赔偿费用，不足的部分再由爸爸、妈妈支付。

也许大家会认为，小明和小亮的家长真冤枉，熊孩子不听话惹了祸，又要道歉又要赔钱，真是太不合理了！

己所不欲，勿施于人。假如自己家的车被人划坏了，爸爸、妈妈是不是也很心疼呢？如果对方坚决不道歉不赔偿，又或者我们甚至连是谁划的都不知道，是不是很生气呢？

我们未成年人在学好课本知识之外，还应从小养成遵纪守法的好习惯，牢记“勿以善小而不为，勿以恶小而为之”，避免给自己和家人带来不必要的烦恼。

相关法条

《中华人民共和国民法典》

第一千一百八十八条 无民事行为能力人、限制民事行为能力人造成他人损害的，由监护人承担侵权责任。监护人尽到监护职责的，可以减轻其侵权责任。

有财产的无民事行为能力人、限制民事行为能力人造成他人损害的，从本人财产中支付赔偿费用；不足部分，由监护人赔偿。

思考空间

关于“勿以恶小而为之”，生活中有哪些事例？和同学们分享一下吧。

3. “招猫逗狗”的后果谁来承担?

大海叔叔饲养了一只宠物狗，名叫毛毛。毛毛这几天生病了，情绪有点儿不稳定。这一天，小明来大海叔叔家玩儿，大海叔叔特意用绳把狗拴了起来。“你小心点，这狗最近心情不好，千万别招惹它！”大海叔叔提醒小明。小明大大咧咧没当回事，趁大海叔叔不注意，拿一块饼干去逗毛毛。毛毛很不高兴，一口咬住小明的手，小明的手被咬出好几道血印。

小明的爸爸、妈妈要求大海叔叔赔偿。大海叔叔认为，自己已经多次警告小明不要去逗狗，但小明不听劝，被咬伤是小明自找的。

大海叔叔到底有没有责任呢?

道法小博士

大海叔叔用绳子拴住宠物狗，已经采取了安全措施，而且他还提醒小明不要去招惹毛毛，说明大海叔叔已经尽到了注意义务。而小明呢，不但不听大海叔叔的劝阻，反而趁着大海叔叔不注意去逗狗，小明受伤确实是自己造成的，大海叔叔可以不承担责任。

相关法条

《中华人民共和国民法典》

第一千二百四十五条 饲养的动物造成他人损害的，动物饲养人或者管理人应当承担侵权责任；但是，能够证明损害是因被侵权人故意或者重大过失造成的，可以不承担或者减轻责任。

思考空间

假如大海叔叔没有给狗拴绳，或者他忘记提醒小明，小明不知道这只狗情绪不稳定。在这种情况下，大海叔叔有没有责任呢？

4. 拴了链子的烈性犬咬了人，狗的主人还要承担责任吗?

李伯伯养了一条斗牛犬，很凶，平常都用链子拴着。因为怕狗伤人，李伯伯家院门口的墙上还张贴着“小心有狗”的警示语。

这一天，小明和小亮在外面玩，刚好路过李伯伯家。小明和小亮都没有注意到墙上的警示语。

正在此时，这只凶猛的斗牛犬噌的一声蹿了出来，冲着小亮的大腿就是一口。

“哎呦妈呀！”小亮当即疼得一屁股坐在了地上。小明吓傻了，不知如何是好。

李伯伯听到动静后赶紧跑出来把狗拉了回去。

小亮被紧急送往医院治疗，医生让小亮注射狂犬病疫苗。小亮哭闹着不想打针，医生很严肃地对小亮说：“狂犬病非常危险。如果被狗咬伤后不及时接种狂犬病疫苗，一旦感染上狂犬病毒，死亡率几乎为 100%。”小亮知道了事情的严重性，忍着疼接种了疫苗。

小亮爸爸要求李伯伯赔偿小亮的医疗费。但李伯伯认为，自己的狗已经被拴上了链子，院门口的墙上也贴了“小心有狗”的警示语，因此拒绝赔偿。

道法小博士

斗牛犬属于烈性犬，是攻击性较强的犬种，城市里大多禁止饲养烈性犬。虽然李伯伯为了防止狗伤人把狗用锁链拴住了，院门口的墙上还贴上“小心有狗”的警示语，但斗牛犬还是咬伤了小亮。

小明和小亮只是路过此地，被狗咬伤纯属意外事件，小亮完全没有过错。虽然李伯伯采取了一些防范措施，但斗牛犬还是挣脱了锁链咬伤了小亮，这证明李伯伯的防范措施并不管用，因此李伯伯应当承担赔偿责任。

请小朋友思考一下，假如小明和小亮故意挑逗斗牛犬，结果导致小亮被咬伤，李伯伯还有责任吗？

《民法典》第1247条规定，禁止饲养的烈性犬等危险动物造成他人损害的，动物饲养人或者管理人应当承担侵权责任。这个条文表明，不论受害人有没有过错，只要这条狗是禁止饲养的犬种，一旦咬伤他人，狗的主人就得承担责任。

因为李伯伯饲养的斗牛犬是城市禁止饲养的危险动物，即使小亮故意挑逗斗牛犬被咬伤，李伯伯也应当承担责任。

相关法条

《中华人民共和国民法典》

第一千二百四十五条　饲养的动物造成他人损害的，动物饲养人或者管理人应当承担侵权责任；但是，能够证明损害是因被侵权人故意或者重大过失造成的，可以不承担或者减轻责任。

第一千二百四十六条　违反管理规定，未对动物采取安全措施造成他人损害的，动物饲养人或者管理人应当承担侵权责任；但是，能够证明损害是因被侵权人故意造成的，可以减轻责任。

第一千二百四十七条　禁止饲养的烈性犬等危险动物造成他人损害的，动物饲养人或者管理人应当承担侵权责任。

思考空间

假如小亮是被小区里的一只流浪狗咬伤的，小亮得知此狗是隔壁小区赵爷爷弃养的，小亮可以找赵爷爷索赔吗？

5. 未成年人可以用自己的压岁钱买 1000 多元的玩具吗?

小明和小亮这对难兄难弟被狗咬伤之后，好多天未出门。过了一个月，两人的伤口都愈合了。小明来找小亮玩儿，他们打算在家附近的商场里逛一逛，因为里面有个儿童游乐场。出门前，小明把过年时爷爷、奶奶给他的压岁钱全塞进了口袋。

商场一楼有一个乐高店，小明一眼看中了橱窗里陈列的一个将近一米高的火箭拼插积木。小明动心了，一看标签，价格是 1000 多元。小明掏出口袋里的压岁钱，刚好够，于是就买了玩具，高高兴兴回家了。

妈妈看到玩具后，非常生气地告诉小明，压岁钱虽然是爷爷、奶奶给他的，但他不能随便花，让他去退掉乐高玩具，小明很委屈。

道法小博士

小博士在此提醒广大小朋友，不满 8 周岁的未成年人，是无民事行为能力人。虽然压岁钱是爷爷奶奶给小明的，但应交由爸爸、妈妈保管，他是不能支配和管理这笔钱的。

8 周岁以上的未成年人，是限制民事行为能力人，可以实施与自己年龄、智力相适应的民事法律行为，比如自己去超市买一包小零食，买一个小玩具等。但大额支付，必须取得家长的同意。有小朋友玩游戏买装备或者打赏主播，花了父母好几千元，甚至上万元，这样的行为，就是与其年龄、智力不相适应的行为；如果没有得到其家长的追认，这个大额购买支付行为就是无效的，商家应当将钱退还给家长。

相关法条

《中华人民共和国民法典》

第十九条 八周岁以上的未成年人为限制民事行为能力人，实施民事法律行为由其法定代理人代理或者经其法定代理人同意、追认；但是，可以独立实施纯获利益的民事法律行为或者与其年龄、智力相适应的民事法律行为。

第二十条 不满八周岁的未成年人为无民事行为能力人，由其法定代理人代理实施民事法律行为。

思考空间

小力爸爸最近收到一台价值上万元的电视机，但小力爸爸从来没有在电商平台购买电视机。后来得知，是儿子小力在网上订购的。小力今年11岁，在爸爸手机上偶然看到了电视机的广告，觉得特别适合打游戏，就用爸爸的账号、密码下了订单。请小朋友们思考一下，这个购买电视机的行为有效吗？

6. 未成年人也有隐私权吗?

小明有个表姐叫晓丽，今年上小学六年级。晓丽的爸爸妈妈今年离婚了，她和妈妈一起生活。晓丽有个邻居叫小倩，和晓丽是同班同学。

晓丽的学习成绩很好，而小倩的成绩一般，还经常被妈妈批评:“你看看人家晓丽，爸妈离婚了，成绩都比你好!”

小倩心里不痛快，第二天一到学校，就把晓丽爸妈离婚的事情说了出去。

晓丽非常难过，感觉在同学面前抬不起头。

道法小博士

隐私是不希望被别人知道的信息和秘密。比如，男孩女孩被内衣裤遮住的地方，就是隐私部位。大家都知道，隐私部位绝对不可以给别人看，也绝对不允许给别人碰。除了爸爸、妈妈，哪怕是医生要看，也必须要有爸爸、妈妈在场。

晓丽爸爸、妈妈离婚这件事，是晓丽不愿意被别人知道的私密信息，属于隐私的一种。小倩不应该将晓丽的隐私公之于众，这种行为既损人也不利己。《弟子规》教导我们：“人有短，切莫揭；人有私，切莫说。”我们的隐私，不愿意被别人知道；那么，知道了别人的秘密，也千万不要到处散播。

晓丽的爸爸、妈妈离婚了，对她而言是很痛苦的经历，但她自立自强，学习成绩优异，说明她是一个坚强乐观的少年。父母离婚不是她的错，没有必要因此而抬不起头。真正应该抬不起头的，不是晓丽，而是因为嫉妒将晓丽的隐私公之于众的小倩。

相关法条

《中华人民共和国民法典》

第一百一十条 自然人享有生命权、身体权、健康权、姓名权、肖像权、名誉权、荣誉权、隐私权、婚姻自主权等权利。

法人、非法人组织享有名称权、名誉权和荣誉权。

第一千零三十二条 自然人享有隐私权。任何组织或者个人不得以刺探、侵扰、泄露、公开等方式侵害他人的隐私权。

隐私是自然人的私人生活安宁和不愿为他人知晓的私密空间、私密活动、私密信息。

第一千零三十三条 除法律另有规定或者权利人明确同意外，任何组织或者个人不得实施下列行为：

（一）以电话、短信、即时通讯工具、电子邮件、传单等方式侵扰他人的私人生活安宁；

（二）进入、拍摄、窥视他人的住宅、宾馆房间等私密空间；

（三）拍摄、窥视、窃听、公开他人的私密活动；

（四）拍摄、窥视他人身体的私密部位；

（五）处理他人的私密信息；

（六）以其他方式侵害他人的隐私权。

思考空间

小樱最近很烦恼，她正在学游泳，游泳教练把小樱游泳前后的身材对比照片转发到朋友圈，作为健身馆的宣传广告，这给小樱带来了困扰。小樱的好朋友有两种意见：

小红认为：小樱游泳后确实身材好了很多，转发照片的事情无伤大雅；

小青认为：未经小樱同意就擅自转发照片，构成侵权，小樱应当拿起法律武器维护自己的合法权益。

你同意谁的观点？为什么？

7. 邻居家门外装了摄像头

这天，小明放学回家，刚走进楼道，就听见一阵吵闹声。邻居何伯伯和对门的张奶奶吵起来了。原来，何伯伯的儿子小何在何伯伯家门外面装了一个摄像头，对着张奶奶家。

张奶奶每天看着这个摄像头觉得很别扭，于是找何伯伯理论，何伯伯还发起脾气："这都是为了安全，又没招你惹你，怎么啦？"

张奶奶说："安全？你倒安全了，谁上我家来，都得被你监视着！我觉得很不安全！"

何伯伯生气地说："你个老太太，我为啥要监视你？我这不是为了咱们大家的安全吗！万一有贼，你还得感谢我呢！"

小明最近学了不少法律知识，见到这种情况，上前一步说："何伯伯，您说得不对。根据《民法典》的相关规定，我们大家都享有隐私权，您安装了摄像头，对着张奶奶的家门，这侵犯了张奶奶的隐私权。所以，您应该拆掉摄像头。”

道法小博士

自然人享有隐私权。任何人都不能侵害他人的隐私权。

家是我们的私密空间，属于个人隐私的范畴。

但小朋友们可以思考，楼道属于私密空间吗？

何伯伯装的摄像头监控范围虽然是楼道这一公共空间，但摄像头能拍摄到并存储张奶奶家的出入情况，这些当然是张奶奶的隐私。

小明讲得很有道理，何伯伯应当拆除摄像头。

相关法条

《中华人民共和国民法典》

第一千零三十二条 自然人享有隐私权。任何组织或者个人不得以刺探、侵扰、泄露、公开等方式侵害他人的隐私权。

隐私是自然人的私人生活安宁和不愿为他人知晓的私密空间、私密活动、私密信息。

第一千零三十三条 除法律另有规定或者权利人明确同意外，任何组织或者个人不得实施下列行为：

（一）以电话、短信、即时通讯工具、电子邮件、传单等方式侵扰他人的私人生活安宁；

（二）进入、拍摄、窥视他人的住宅、宾馆房间等私密空间；

（三）拍摄、窥视、窃听、公开他人的私密活动；

（四）拍摄、窥视他人身体的私密部位；

（五）处理他人的私密信息；

（六）以其他方式侵害他人的隐私权。

思考空间

随着技术的发展，远距离拍摄、无人机跟踪拍摄等侵犯个人隐私的手段层出不穷，监控设备、可穿戴设备、应用程序采集等手段，更是广泛收集了个人隐私信息和敏感信息。个人信息泄露情况屡见不鲜。垃圾短信、骚扰电话、电信诈骗的出现，使个人信息的保护迫在眉睫，请同学们展开讨论“如何避免个人信息被泄露”，如何向更多的人普及保护个人信息安全的知识。

8. 天降玉米棒

一天放学，小明和小亮高高兴兴地往家走。在小区单元门口，两人看到一只小猫，忍不住停下脚步。正在这时，小明的肩膀被一个东西重重地砸了一下。“哎呦，疼死我了！”小明的肩膀瞬间鼓起一个大包。回过神儿来的小明定睛一看，一根被人啃过的玉米棒落在他脚边。

回到家，妈妈一边给小明上药膏，一边说道：“幸好是肩膀！万一砸到头，不得砸傻了啊！”

“是谁这么没公德，从楼上扔玉米棒，我一定要把他找出来！”小明的爸爸报了警。派出所迅速出警，第一时间将那根玉米棒封存。小区的物业公司在小区各单元门口张贴启事，通知小区所有的业主，称现正在对封存的玉米棒做DNA检测，请肇事者到派出所自首。启事发出不久，一个十几岁的小男孩被爸爸领着来到了小明家。

原来那天下午，男孩儿一个人在家。“当时很无聊，纯粹是为了好玩儿，就把玉米棒扔了下去，没想到砸伤了人，真的非常非常抱歉。”男孩向小明深深鞠了一躬，满眼含泪地道歉。

小明爸爸说：“孩子，你要知道，幸亏是砸中肩膀。你家住 20 楼，如果砸中我儿子的头，可能会有生命危险！”

“啊？我真的不知道！太对不起了，我以后绝不会再犯了！”男孩着急得哭了起来。

“算了，吃一堑长一智，这次要记住，以后千万别再高空抛物了。”小明妈妈说。

道法小博士

高空抛物的危害非常大，根据专业实验，将一枚重 30 克的鸡蛋从 18 楼抛下，能砸破人的头骨；而从 25 楼抛下，冲击力足以致人死亡。[①]《最高人民法院关于依法妥善审理高空抛物、坠物案件的意见》中规定了故意高空抛物，最高可依照故意伤害罪、故意杀人罪定罪处罚。

小朋友们要知道，当你从高空扔下东西时，它可能会像一颗炮弹一样击中一个无辜的人，他可能会头部受伤、骨折甚至死亡。

所以，千万不要高空抛物！

---

① 《多人被判刑！家住 2 楼以上的注意！》，载微信公众号“中华人民共和国应急管理部”2024 年 4 月 27 日，https://mp.weixin.qq.com/s/DjW9D-xtwI0F-9RWI2N74Q。

相关法条

《中华人民共和国民法典》

第一千二百五十四条 禁止从建筑物中抛掷物品。从建筑物中抛掷物品或者从建筑物上坠落的物品造成他人损害的，由侵权人依法承担侵权责任；经调查难以确定具体侵权人的，除能够证明自己不是侵权人的外，由可能加害的建筑物使用人给予补偿。可能加害的建筑物使用人补偿后，有权向侵权人追偿。

物业服务企业等建筑物管理人应当采取必要的安全保障措施防止前款规定情形的发生；未采取必要的安全保障措施的，应当依法承担未履行安全保障义务的侵权责任。

发生本条第一款规定的情形的，公安等机关应当依法及时调查，查清责任人。

《中华人民共和国刑法》

第二百九十一条之二 从建筑物或者其他高空抛掷物品，情节严重的，处一年以下有期徒刑、拘役或者管制，并处或者单处罚金。

有前款行为，同时构成其他犯罪的，依照处罚较重的规定定罪处罚。

思考空间

高空抛物砸伤了人，但没有人主动承认，也查不出是谁扔的，该怎么办？

A. 被砸的人自认倒霉

B. 楼上可能高空抛物的住户全部都要赔偿

9. 冰上遛狗溺水身亡，责任谁承担？

冬天来了，终于放寒假了，小明又可以和小伙伴们一起去冰场滑冰了。

小明家附近有一条河，河面上结了厚厚的一层冰。这天，他约上小亮一起去滑冰。

到了河边，小明和小亮惊讶地发现，“咦？怎么有这么多警察？”河边还停放着一辆警车。

事情是这样的，王大爷早上起来去遛狗，发觉河面上已经结满了冰。虽然岸边竖立的牌子上面写着“冰薄危险，请勿上冰”，王大爷还是很自信，上冰踩了两脚，感觉冰面足够结实，便牵着狗在冰面上走了起来。走着走着，他发觉脚下的冰开始出现裂纹，还没等他反应过来，冰面瞬间塌陷，王大爷不幸掉入冰窟窿溺亡，他的爱犬侥幸逃脱，在岸边吼叫呼救。

王大爷的亲属起诉至法院，以没有尽到安全保障义务为由要求河道管理处赔偿损失。

道法小博士

王大爷溺亡的河道，不是对外开放的冰场，不允许随意上冰。每年冬天，河道管理处都会在岸边竖起“冰薄危险，请勿上冰”的警示牌。

我国《民法典》第 1198 条第 1 款规定：“宾馆、商场、银行、车站、机场、体育场馆、娱乐场所等经营场所、公共场所的经营者、管理者或者群众性活动的组织者，未尽到安全保障义务，造成他人损害的，应当承担侵权责任。”而王大爷死亡的河道不是经营场所，所在的河道管理处也不属于活动组织者，因此不负有安全保障义务。况且岸边已经设置了警示牌，河道管理处尽到了提示义务。

王大爷作为一个完全民事行为能力人，应当预见在结冰的河道上遛狗可能发生的危险，而且也看到了不允许上冰的警示牌，这种情况下，王大爷还是过于自信地上了冰，因此失足落水，王大爷应当自己承担责任。

小明和小亮此后再也不敢在冬天到冰冻的河面上玩了，他们只敢到公园开放的冰场去玩。每次上冰时，他们都会想起那条可怜的小狗，它再也看不到它的主人了。

相关法条

《中华人民共和国民法典》

第一千一百九十八条 宾馆、商场、银行、车站、机场、体育场馆、娱乐场所等经营场所、公共场所的经营者、管理者或者群众性活动的组织者，未尽到安全保障义务，造成他人损害的，应当承担侵权责任。

因第三人的行为造成他人损害的，由第三人承担侵权责任；经营者、管理者或者组织者未尽到安全保障义务的，承担相应的补充责任。经营者、管理者或者组织者承担补充责任后，可以向第三人追偿。

第一千一百七十四条 损害是因受害人故意造成的，行为人不承担责任。

思考空间

如果河道的明显位置没有设置警示标志，提醒人们冰面的危险性，或者没有采取适当的安全措施防止外来人员进入危险区域。这种情况下，河道管理部门有责任吗？

10. 烟花虽美，小心有“炸”

春节来了，小明又可以和爸爸到郊区放烟花啦。他和爸爸到杂货店买烟花，结果发现，杂货店关门了。一问才知道，杂货店卖的烟花有问题，有人被炸伤了。

原来，家住在郊区的小王从这个杂货店买了一箱烟花，在点燃引信后烟花突然爆炸，小王的眼睛被炸伤。被送到医院后，小王被评定为七级伤残，花了 4 万多元的医药费。

小王认为杂货店销售的烟花有质量问题，要求杂货店赔偿。

道法小博士

我国《民法典》第 1203 条规定，因产品存在缺陷造成他人损害的，被侵权人可以向产品的生产者请求赔偿，也可以向产品的销售者请求赔偿。也就是说，小王既可以要求杂货店赔偿，也可以去找烟花爆竹的生产厂家索赔。

所以，小王要求杂货店赔偿是没有问题的。如果证明是烟花爆竹生产厂家的责任，杂货店老板向小王承担赔偿责任后，有权利要求生产厂家赔偿。

在这里要提醒小朋友们，购买烟花爆竹要选择正规厂家，不要在禁止燃放烟花爆竹的区域燃放，燃放烟花爆竹时要保持安全距离，避免发生意外。

相关法条

《中华人民共和国民法典》

第一千二百零三条 因产品存在缺陷造成他人损害的，被侵权人可以向产品的生产者请求赔偿，也可以向产品的销售者请求赔偿。

产品缺陷由生产者造成的，销售者赔偿后，有权向生产者追偿。因销售者的过错使产品存在缺陷的，生产者赔偿后，有权向销售者追偿。

思考空间

燃放烟花爆竹有好处吗？你是否同意禁止燃放烟花爆竹？

11. 开个玩笑竟惹出这么大麻烦

小飞与大山是花园中学初一 3 班同班同学。一天午休期间，小飞从座位起身与前面的同学说话，聊得很高兴。大山路过小飞座位时，想和小飞开个玩笑，便悄悄将小飞的椅子往后拉出一定距离，小飞往回一坐，导致坐空并仰倒，后脑勺碰到椅子后着地不起，出现了后脑勺疼痛、视物模糊等症状。之后数日，小飞多次前往医院门诊就诊并住院治疗，先后被诊断出颅脑外伤、双目视神经挫伤等。事故发生后，大山父母支付了部分费用。后小飞父母因与大山父母协商赔偿事宜未果，将大山的父母诉至法院，要求赔偿医疗费、住院伙食补助费、营养费、精神损害赔偿等合计 32 万余元。

道法小博士

本案中，事发时大山已满 12 周岁，对其行为所造成的后果具有一定的判断能力，他拉开小飞的椅子时，应当知道自己的行为会给他人带来伤害，却仍然这样做，存在过错，最终导致小飞摔倒，身体受到损伤。根据《民法典》第 1188 条的规定，无民事行为能力人、限制民事行为能力人造成他人损害的，由监护人承担侵权责任。大山当时已满 12 周岁，属于限制民事行为能力人，故应当由大山的监护人也就是他的父母承担赔偿责任。结合小飞治疗期间实际支出的费用，法院判决大山的父母向小飞赔偿医疗费、住院伙食补助费、护理费、营养费、交通费、精神损害赔偿等合计 10 万余元。

这起案例给我们敲响了警钟，提醒同学们即使开玩笑，也要注意场合和分寸，确保不会给他人带来伤害。如果不小心惹了大麻烦，要及时诚恳地向对方道歉并承担相应的责任。

相关法条

《中华人民共和国民法典》

第一千一百八十八条 无民事行为能力人、限制民事行为能力人造成他人损害的，由监护人承担侵权责任。监护人尽到监护职责的，可以减轻其侵权责任。

有财产的无民事行为能力人、限制民事行为能力人造成他人损害的，从本人财产中支付赔偿费用；不足部分，由监护人赔偿。

思考空间

请小朋友们思考，什么样的玩笑是不恰当的？什么样的玩笑是恰当的？

12. 乱扔香蕉皮的代价

小明居住的小区发生了这样一件事。

一天下午，吴女士带女儿到小区游乐场玩耍。吴女士将女儿吃剩的香蕉皮随手扔在路上。80 多岁的王大爷出来遛弯儿，一不小心踩上香蕉皮而摔倒在地。经诊断，王大爷右踝关节骨折，共花费医疗费 3 万多元。

查看小区监控后，王大爷向法院起诉，要求吴女士赔偿医疗费用。

道法小博士

吴女士随手乱扔香蕉皮，直接导致王大爷摔倒骨折，作为成年人的吴女士理应承担民事赔偿责任。

同学们，乱扔垃圾、随地吐痰等不文明行为，本身违反了社会公德；如果给他人造成损害，还要承担法律责任。

为了维护公共环境的整洁和安全，我们应当将垃圾扔进垃圾桶里。如果周围没有垃圾桶，可以先将垃圾放在袋子或其他容器中，等找到垃圾桶再扔掉。在日常生活中，大家要有意识地将文明内化于心，外化于行。例如，遵守交通规则、尊重他人、爱护环境等。通过不断实践，让文明行为成为自己的习惯。

相关法条

《中华人民共和国民法典》

第一千一百六十五条 行为人因过错侵害他人民事权益造成损害的，应当承担侵权责任。

依照法律规定推定行为人有过错，其不能证明自己没有过错的，应当承担侵权责任。

思考空间

请展开想象，如果没有交通规则，我们的城市会变成什么样？

13. 孩子在学校打篮球受伤，谁担责？

一天午饭后，初中生大力和小陈相约在学校篮球场上打篮球。在一次争抢球的过程中，两人发生碰撞，大力不慎摔倒导致脚踝骨折。

大力的父母认为，大力是在学校打球时被小陈撞倒骨折的，小陈的父母以及学校都应当承担侵权责任。

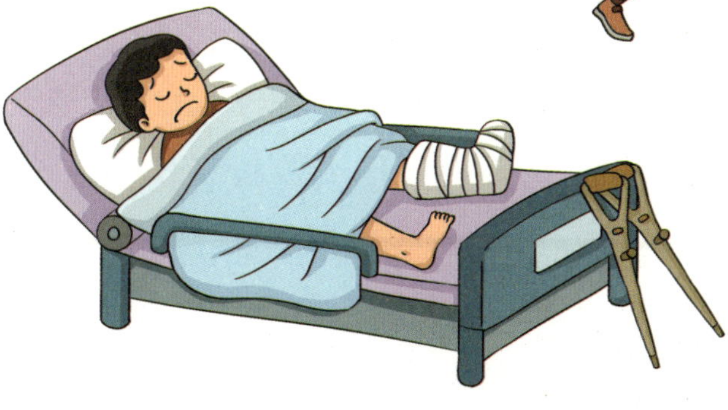

道法小博士

篮球运动属于高对抗性、高风险的体育运动，运动中不可避免会发生肢体碰撞，容易导致崴脚、软组织挫伤，甚至骨折。大力自愿参与篮球运动，应当预测到可能会受伤，也应当准备好承受相应的后果。这就是《民法典》规定的自甘风险。具体到本案例，自甘风险是指受害人（大力）自愿参加有一定风险的活动（打篮球），因其他参加者的行为（小陈合理碰撞）受到损害的，受害人（大力）不得请求其他参加者（小陈）承担侵权责任。

篮球比赛中的抢夺、进攻，足球比赛中的抢断、带球切入、射门等基本动作，都存在肢体碰撞的可能。如果要求球员做每一个动作之前，都要仔细考虑是否会给其他球员带来伤害，类似的文体活动便很难正常进行。因此，体育竞赛中，运动员之间因合理碰撞所发生的损害，原则上是可以免责的。但需要注意的是，如果是恶意犯规伤人等故意伤害行为，还要根据实际情形认定相应责任。

相关法条

《中华人民共和国民法典》

第一千一百七十六条第一款 自愿参加具有一定风险的文体活动，因其他参加者的行为受到损害的，受害人不得请求其他参加者承担侵权责任；但是，其他参加者对损害的发生有故意或者重大过失的除外。

思考空间

足球运动中，背后铲球是违规行为，大志还这样做，结果把其他队员的腿铲骨折了。这种情况下，大志是否要承担侵权责任？

14. 大爷横穿篮球场被撞倒，谁的责任？

罗大爷家附近有一所中学，有时候为图方便少走点路，罗大爷买完菜便会从学校中间穿过去，好快些回家。这天，他照常提着东西往家走，此时篮球场上有两队正在热火朝天地进行篮球比赛。罗大爷没在意，依然旁若无人般地从篮球场上横穿过去。正在回防的小龙根本没有看见罗大爷，一下子将他撞倒在地。

罗大爷受伤后被送往医院治疗，住院加门诊的费用，一共花了 3 万余元。罗大爷将小龙及小龙所在中学告上法院。

道法小博士

篮球运动作为典型的群体性、对抗性体育运动，在剧烈运动中出现身体碰撞是正常现象。

小龙在篮球场上跑动接球，是篮球运动中的常规动作，不应对其设置过高的注意义务，其撞伤罗大爷的行为并不存在过错。相反，罗大爷横穿篮球场的行为应当视为自甘冒险，由此产生的损害后果，应由罗大爷自行承担。

学校在篮球场周围涂有醒目的边界线，场地也被刷为绿色，明显区别于一般通行道路，学校尽到了合理的管理义务，不存在过错，不应当承担赔偿责任。

这起判决遵循的是“过错与责任相一致”的民事法律原则，保护了正当体育锻炼行为的合理边界。

相关法条

《中华人民共和国民法典》

第一千零四条 自然人享有健康权。自然人的身心健康受法律保护。任何组织或者个人不得侵害他人的健康权。

第一千一百七十四条 损害是因受害人故意造成的，行为人不承担责任。

思考空间

什么是“过错与责任相一致”？请大家想一想，讨论一下吧。

15. 11周岁的小涛打赏主播20万元，这笔钱能要回来吗？

小学五年级的小涛迷上了玩电子游戏，在网络平台观看游戏直播时，他给多名主播打赏了总计价值20万元的虚拟礼物。

过了几天，小涛妈妈吃惊地发现银行卡里少了20万元，震惊之余，小涛妈妈陷入苦闷：“这笔钱能要回来吗？”小涛爸爸赶紧联系网络平台所属的科技公司要求退款。

然而，科技公司拒绝退款。

小涛爸爸将科技公司起诉至人民法院。

道法小博士

根据我国《民法典》第 19 条、第 145 条第 1 款的规定，8 周岁以上的未成年人为限制民事行为能力人，独立实施纯获利益的民事法律行为或者与其年龄、智力相适应的民事法律行为有效；实施的其他民事法律行为经其法定代理人同意或者追认后有效。

本案中，小涛打赏主播时 11 周岁，属于限制民事行为能力人，打赏 20 万元的行为明显超过了未成年人的正常认知和判断水平，该付款行为需要经父母同意或者追认后才能发生效力，如果父母不同意或不予追认，小涛的打赏行为是无效的。

经过法院调解，双方达成和解，科技公司返还小涛打赏款 20 万元。

小涛为了满足一时的虚荣心，给父母惹来了大麻烦。虽然 20 万元失而复得，但对于小涛父母而言，此次经历可谓惊心动魄，是一堂普法课。

未成年人要控制好自己使用电子设备的时间，警惕网络骗局，不要随意在网上透露自己的姓名、年龄、家庭住址、电话号码等个人信息，不乱点来源不明的链接。同时，未成年人要培养勤俭节约、理性消费的习惯，要懂得父母赚钱的辛苦，明白金钱来之不易，切莫因一时冲动，挥霍掉父母的血汗钱。

相关法条

《中华人民共和国民法典》

第十九条 八周岁以上的未成年人为限制民事行为能力人，实施民事法律行为由其法定代理人代理或者经其法定代理人同意、追认；但是，可以独立实施纯获利益的民事法律行为或者与其年龄、智力相适应的民事法律行为。

第一百四十五条第一款 限制民事行为能力人实施的纯获利益的民事法律行为或者与其年龄、智力、精神健康状况相适应的民事法律行为有效；实施的其他民事法律行为经法定代理人同意或者追认后有效。

思考空间

近期有多起因网络直播打赏引发的悲剧事件，引发社会关注。一位 54 岁的阿姨，沉迷直播打赏，其意外病逝后给女儿留下了高达百万元的债务；在天津，一名 14 岁的女孩沉迷于看网络直播，不断给主播刷礼物，一年时间花掉 200 万元；在河南省平舆县，一对兄弟用父亲的死亡赔偿金给主播打赏上百万元，等到家里人发现时，账户上只剩下 4 分钱。

请思考，为什么有些人会沉迷于直播打赏？应如何看待网络直播和打赏行为？未成年人如何避免不理性的消费？

16. 被野生动物园的动物攻击受伤，谁负责？

赵阿姨一家到野生动物园游玩，买门票时，赵阿姨签署了《自驾车入园游览协议书》，上面写着：进入猛兽区，必须关闭车门，严禁离开自驾车辆，严禁携带和投喂食物，严禁开窗……

赵阿姨当时都没看完就满不在乎地签了。

赵阿姨的丈夫驾车，赵阿姨坐在副驾驶座位上，他们的儿子坐在后排的安全座椅，一家人自驾进入了野生动物园区。

园区每隔一段距离便竖立着"珍爱生命，禁止下车"的警示牌，提醒游客不得中途下车。

但当赵阿姨一行人进入东北虎园区后，赵阿姨有些晕车，四周也没有看到老虎，就想下车透透气。

赵阿姨的丈夫坚决不同意，但赵阿姨感到很不舒服，硬是拉开车门下了车。赵阿姨一下车，一只老虎突然出现在她身后，赵阿姨的丈夫发现了，立刻鸣笛示警，然而为时已晚，老虎猛扑过来，赵阿姨被咬伤。

赵阿姨将野生动物园告上法庭。

道法小博士

赵阿姨只是在不该下车的地方下了车，却要带着一身的伤疤度过后半生。

但这是野生动物园的责任吗？

根据《民法典》第 1248 条的规定，动物园的动物造成他人损害的，动物园应当承担侵权责任。如果动物园提供证据证明已尽到管理职责，则不用承担侵权责任。野生动物园在售票时已经进行了口头告知，售票员还发给赵阿姨一张通知单，上面用黑体字注明："**猛兽区严禁下车、开车窗、投食**"。赵阿姨签署了《自驾车入园游览协议书》，猛兽区沿途设置了明显的警示牌，事发后也及时进行了现场处置和救援。这些都足以证明，野生动物园已经尽到了管理职责。

赵阿姨的遭遇着实令人同情，但这件事告诉我们一个道理，自由与安全都要建立在规则之上，这些规则看似是种束缚，其实是对我们的保护。规则可以提供一个明确的框架和准则，让人们知道什么是可以做的，什么是不可以做的。例如交通规则，它规定了人们在道路上的行为，如红灯停、绿灯行、遵守限速等。这些规则保障了行人和车辆的安全，使交通秩序得到维护，通行效率提高。同样，法律法规、社会规则等也为人们的自由和安全提供了保障，通过规定人们的权利和义务，确立了社会的秩序和公平。

相关法条

《中华人民共和国民法典》

第一千二百四十八条 动物园的动物造成他人损害的，动物园应当承担侵权责任；但是，能够证明尽到管理职责的，不承担侵权责任。

思考空间

小明到动物园游玩。在猴山观看表演时，小明想给一只猴子喂食，便从口袋里掏出一根香蕉。然而，他刚把香蕉拿出来，另一只猴子就从后面突然袭击，咬伤了他的手臂。

小明立刻被送往医院治疗，花了1万多元的医疗费，并留下了永久性的伤疤。

请大家想一想，动物园有责任吗？

17. 小区里有个马蜂窝

小明居住的小区绿树成荫，环境优美。夏天，很多居民都愿意饭后在小区遛弯儿。

这天，小明和小亮在小区的空地上玩飞盘。小明奋力一甩，飞盘如一架直升机冲上云霄，在天空划出一道优美的弧线后，远远地落在了树丛中。

小明高兴地跳起来去追，他和小亮翻过了栅栏，进入了小树林。

“飞盘就在前面！”小明大声喊道。

两个人比赛谁能先捡到飞盘。

就在此时，飞盘所在的地方飞出来几只蜜蜂，接着，又飞来几只。

“不好，是马蜂，快跑！”小亮一边说一边拉着小明就跑。

但两人还是被马蜂蜇了好几下。他们被爸爸、妈妈送到医院。医生说，幸亏他们跑得快，否则后果很严重。

事后，小明和小亮的爸爸、妈妈把物业公司告上了法庭，要求物业公司赔偿小明和小亮的医疗费。

道法小博士

小明的飞盘砸中了隐藏在小区小树林中的一个马蜂窝，马蜂受惊后，蜇伤了小明和小亮。那么，为什么物业公司会成为被告呢？

其实，物业公司负责小区管理，为业主提供建筑物的维修养护、环境卫生管理维护等物业服务。小区树木的养护修剪，属于物业的职责。本案中，小区物业公司没有发现马蜂窝的存在，导致业主被马蜂蜇伤，小明和小亮的爸爸、妈妈认为物业公司违反了安全保障义务，有权要求物业公司承担相应的责任。

法院认为，马蜂属野蜂，流动性大，被告物业公司虽然可以预见但很难控制。此外，马蜂一般不主动攻击人，是飞盘的突然坠落惊动了马蜂，原告也存在过错。所以，判决物业公司赔偿小明和小亮所有医疗费的 30%。

马蜂伤人的案例每年都有发生，一旦被马蜂蜇伤，轻则被蜇部位疼痛肿胀，重则失去生命。而马蜂窝往往十分隐蔽，不容易被发现，很难防范。因此，在夏季外出游玩时，注意观察周围环境，千万不要主动招惹马蜂，尽量远离蜂巢和马蜂活动的区域，以免受伤。

相关法条

《中华人民共和国民法典》

第九百三十七条 物业服务合同是物业服务人在物业服务区域内，为业主提供建筑物及其附属设施的维修养护、环境卫生和相关秩序的管理维护等物业服务，业主支付物业费的合同。

物业服务人包括物业服务企业和其他管理人。

第五百九十二条 当事人都违反合同的，应当各自承担相应的责任。

当事人一方违约造成对方损失，对方对损失的发生有过错的，可以减少相应的损失赔偿额。

思考空间

马蜂是一种有攻击性的昆虫，有强烈的护巢本能，任何侵犯蜂巢的行为都将受到蜂群的攻击，因此处理马蜂窝时要穿戴好防蜇护具。你还了解马蜂的其他生活习性吗？和同学们分享一下吧。

18. 小偷逃跑时，不小心掉进河里淹死了，追小偷的人要赔偿吗？

周末，小明到姑奶奶家做客，姑奶奶家在郊区，有一所大房子，还有一个小菜园。小明和姑奶奶学种菜，开心极了。夜里，小明睡得昏昏沉沉时，突然听见窗外传来“快来人啊，抓小偷”的喊声。

声音是从邻居张爷爷家方向传来的。原来张爷爷的小儿子张小雨半夜上卫生间，正撞上在屋子里偷东西的林大淘，张小雨大喝一声：“谁？”林大淘拔腿就跑，张小雨立刻出门去追。邻居李伯伯和杨叔叔闻声赶来，三人一起向林大淘逃跑的方向追赶。

姑奶奶住的大房子外面有一条河。

三人一路紧追不舍到河边，林大淘已经游到河中央。

张小雨担心小偷林大淘出事，大声喊道“河水深，危险，你先上来再说！”但小偷林大淘还是不顾劝阻，朝河对岸游去，很不幸，林大淘水性不好，淹死了。

林大淘的家人认为是张小雨、李伯伯和杨叔叔逼死了林大淘，要求三人承担赔偿责任。

道法小博士

人民法院认为，张小雨看到有人正在偷自己家里的东西，追赶小偷林大淘是正常的行为，没有超过必要限度。

林大淘跳进河里后，张小雨还劝林大淘上岸，但林大淘不听，坚持向河流深处游去。张小雨、李伯伯和杨叔叔三个人也不了解林大淘游泳的水平，而且他们三个都不会游泳，不能强求他们去救人。另外，三人发现林大淘下河后，立刻拨打电话报警，已经尽到了救助义务。

林大淘作为成年人，违法偷东西时被发现，逃跑过程中不顾劝阻下河，将自身置于危险之中，责任应当由他自己承担。

相关法条

《中华人民共和国刑事诉讼法》

第八十四条　对于有下列情形的人，任何公民都可以立即扭送公安机关、人民检察院或者人民法院处理：

（一）正在实行犯罪或者在犯罪后即时被发觉的；

（二）通缉在案的；

（三）越狱逃跑的；

（四）正在被追捕的。

思考空间

杨大大、王中中、卢小小相约在运河边遛弯聊天。在遛弯到河岸中段时，杨大大想到河边有一处较宽堤岸，便翻越栏杆，因地面湿滑，杨大大不慎落水，不熟悉水性的杨大大立即大声呼救。情急之下，同伴王中中、卢小小先后下水对其进行施救。二人合力将杨大大成功救出，但实施救助的卢小小因体力不支未能上岸，不幸溺水身亡。卢小小的父母把杨大大告上法庭。

请问，杨大大应当承担赔偿责任吗？

19. 未成年人喝酒后酒精中毒，怎么办？

小明的表哥小成今年 12 周岁，还没上初中。暑假，同学找他出去玩儿。小成和同学玩了一会儿觉得有点儿口渴，碰巧路边有一个咖啡厅，他们便走了进去。

这个咖啡厅里不仅卖咖啡，还卖酒。

小成虽然只有 12 岁，但个子很高，胆子也大。今天和几个同学出来玩儿，一定要干点大人的事儿。他要了一瓶酒，喝了一杯又一杯。

小成喝醉了，醉得不省人事。

同学们赶紧将他送到医院，他被诊断为急性酒精中毒。幸亏抢救及时，小成没有生命危险。

小成妈妈要求咖啡厅承担赔偿责任。

道法小博士

未成年人正处于长身体的关键时期，烟酒对身体有害，为了保护未成年人的身心健康，法律规定，禁止向未成年人出售烟酒。

每年都有成年人因抽烟喝酒而导致死亡。烟酒对于未成年人的危害会更大，因此咖啡厅作为经营者，向小成提供酒精度数极高的烈性酒，已经违反了《未成年人保护法》，咖啡厅应当承担赔偿责任。

相关法条

《中华人民共和国民法典》

第一千零四条 自然人享有健康权。自然人的身心健康受法律保护。任何组织或者个人不得侵害他人的健康权。

《中华人民共和国未成年人保护法》

第五十八条 学校、幼儿园周边不得设置营业性娱乐场所、酒吧、互联网上网服务营业场所等不适宜未成年人活动的场所。营业性歌舞娱乐场所、酒吧、互联网上网服务营业场所等不适宜未成年人活动场所的经营者，不得允许未成年人进入；游艺娱乐场所设置的电子游戏设备，除国家法定节假日外，不得向未成年人提供。经营者应当在显著位置设置未成年人禁入、限入标志；对难以判明是否是未成年人的，应当要求其出示身份证件。

第五十九条 学校、幼儿园周边不得设置烟、酒、彩票销售网点。禁止向未成年人销售烟、酒、彩票或者兑付彩票奖金。烟、酒和彩票经营者应当在显著位置设置不向未成年人销售烟、酒或者彩票的标志；对难以判明是否是未成年人的，应当要求其出示身份证件。

任何人不得在学校、幼儿园和其他未成年人集中活动的公共场所吸烟、饮酒。

思考空间

以下哪些属于应该避免饮酒的情况？选一选吧。

1. 怀孕和哺乳期

2. 驾驶或操作机器时

3. 服用药物期间

4. 患有某些疾病

5. 未成年时期

6. 从事需要高度集中注意力的活动时

7. 情绪不稳定或有心理问题时

8. 对酒精过敏或不耐受

20. 醉酒后骑电动车摔成重伤，谁的责任？

上一个案例讲到小成喝酒差点儿送了命，其实都是因为小成爸爸特别爱喝酒，他不仅经常外出和朋友喝酒，在家的时候也恨不得一天三顿酒。所以小成有样学样，这才发生了酒精中毒事件。

一天下班后，小成爸爸和同事张叔叔、李叔叔到一家餐厅聚会。最近小成爸爸和小成妈妈因为喝酒的事情经常吵架，小成爸爸心情郁闷，一杯接着一杯，喝了好多酒，酒后，小成爸爸感觉头昏脑涨。张叔叔和李叔叔也都没少喝，三人分开后，小成爸爸晃晃悠悠，骑上自己的电动车。他没戴头盔，骑上电动车一路“高歌猛进”，在一个交叉路口，突然连人带车摔倒在地，当即昏迷不醒。

“太吓人了！”听妈妈说了这事，小明很震惊。

小明妈妈说：“小成爸爸醉酒驾驶受重伤，作为成年人，他当然应该对自己的行为负责。但你说说，和他一起喝酒的张叔叔和李叔叔有没有责任啊？”

“这……”

小明想了想说：“应该没有吧！小成爸爸喝酒是他自己的错，酒后驾驶也是他个人的行为，小成爸爸的同事没有责任啊！”

道法小博士

小成爸爸作为成年人，应当具有自我保护意识，他先是大量饮酒，随即又驾驶电动车，还未戴头盔，这些行为是发生事故的原因，他应当对本次事故承担主要责任。

其次，张叔叔和李叔叔作为共同饮酒人，也有义务照顾醉酒的小成爸爸，但他们没有劝阻，也没有护送小成爸爸安全到家，对事故的发生具有一定的过错。依据《民法典》过错责任原则，也应承担相应的赔偿责任。

所以，同学们要提醒爸爸、妈妈，无论在什么情况下聚会喝酒，一定要适可而止，不要过度，更不要强行劝酒、灌酒。在同桌有人醉酒时，要么通知他的家人来接，要么将他安全护送到家，否则，有可能要承担赔偿责任哦！

相关法条

《中华人民共和国道路交通安全法实施条例》

第七十二条 在道路上驾驶自行车、三轮车、电动自行车、残疾人机动轮椅车应当遵守下列规定：

（一）驾驶自行车、三轮车必须年满 12 周岁；

（二）驾驶电动自行车和残疾人机动轮椅车必须年满 16 周岁；

（三）不得醉酒驾驶；

……

《中华人民共和国民法典》

第一千一百六十五条 行为人因过错侵害他人民事权益造成损害的，应当承担侵权责任。

依照法律规定推定行为人有过错，其不能证明自己没有过错的，应当承担侵权责任。

思考空间

除了以下列出的情况，你还能想出其他酒精带来的危害吗?

肝脏损害：长期或过量饮酒可能导致肝脏疾病，如脂肪肝、酒精性肝炎和肝硬化。

神经系统影响：酒精会影响神经系统，导致判断力下降、反应迟钝、记忆力减退等。

心脑血管问题：饮酒与高血压、心脏病和中风等心脑血管问题的风险增加有关。

消化系统问题：酒精可能引起胃肠道炎症、溃疡和消化不良等问题。

免疫系统削弱：长期饮酒可能削弱免疫系统，使人更容易感染疾病。

癌症风险：过度饮酒与某些癌症发生风险的增加相关，如口腔癌、肝癌、乳腺癌等。

心理健康问题：酒精滥用可能导致焦虑、抑郁等心理健康问题。

社交和家庭问题：酗酒可能会对个人的社交关系和家庭生活造成负面影响。

安全风险：饮酒后驾车或进行其他危险活动会增加事故发生的概率。